MON PREMIER POTAGER

Techniques et Astuces

James ISAO

SWEET LIFESTYLE PUBLISHING

TABLE DES MATIÈRES

MON PREMIER POTAGER

Techniques et Astuces

CHAPITRE 1 : LES BASES DU JARDINAGE

Bienvenue dans le monde passionnant du jardinage ! Si vous avez toujours rêvé de cultiver vos propres légumes frais ou si vous cherchez simplement à vous reconnecter avec la nature, créer votre propre potager est une aventure enrichissante et gratifiante. Ce chapitre vous guidera à travers les bases essentielles du jardinage, depuis le choix de l'emplacement idéal jusqu'à la préparation du sol pour la plantation de vos premières graines.

Choix de l'emplacement

La première étape pour créer un potager réussi est de choisir le bon emplacement. Idéalement, **votre potager devrait être situé dans un endroit ensoleillé**, exposé au sud ou au sud-ouest, où vos plantes pourront bénéficier de six à huit heures de lumière directe par jour. Assurez-vous également que l'emplacement est bien drainé et relativement plat pour éviter les problèmes d'humidité stagnante.

Préparation du sol

Une fois que vous avez choisi votre emplacement, il est temps de préparer le sol pour la plantation. **Commencez par désherber soigneusement la zone** pour éliminer les mauvaises herbes et les débris végétaux et minéraux (éviter les sols trop cailouteux). Pour cela, vous pouvez utiliser une **binette**. Ensuite, **labourez le sol** pour le desserrer et le rendre plus facile à travailler. Munissez-vous alors d'**une bêche ou une fourche-bêche**. Insérez l'outil dans le sol, puis renversez-le pour soulever et briser les mottes de terre. Travailler le sol en profondeur aidera également à améliorer le drainage et à favoriser la croissance des racines de vos plantes.

Amendements du sol

Après le labourage, **ajoutez un amendement organique tel que du compost, du terreau ou du fumier** pour enrichir le sol en nutriments essentiels. Le compost est fabriqué à partir de déchets de cuisine, de débris de jardin et d'autres matières organiques en décomposition. Il améliore la structure du sol, favorise la rétention d'eau et fournit des éléments nutritifs aux plantes. Utilisez du compost bien mûr et décomposé, exempt de mauvaises herbes et de maladies. Épandez une couche uniforme de compost sur la surface du sol, puis utilisez un râteau pour le mélanger dans les premiers centimètres du sol.

Si le compost n'est pas disponible, vous pouvez également utiliser du terreau de bonne qualité comme alternative. Le terreau est un mélange de matières organiques et minérales conçu pour favoriser la croissance des plantes en pot ou en pleine terre. Choisissez un terreau enrichi en compost ou en humus pour des résultats optimaux.

Le fumier est une autre option pour enrichir le sol en nutriments. Utilisez du fumier bien décomposé, tel que du fumier de vache ou de cheval, pour éviter d'endommager les racines des plantes avec des niveaux élevés d'azote. Épandez une couche de fumier sur la surface du sol et mélangez-le soigneusement pour l'incorporer.

1. **Compost** :

   - Avantages : Le compost est un amendement organique riche en nutriments et en matière organique. Il améliore la structure du sol, favorise la rétention d'eau et stimule l'activité microbienne bénéfique.
   - Utilisation : Le compost est idéal pour améliorer la fertilité du sol à long terme. Il convient à presque tous les types de cultures et peut être utilisé comme engrais naturel.
   - Disponibilité : Vous pouvez fabriquer votre propre compost à partir de déchets de cuisine et de débris de jardin, ou l'acheter dans les magasins de jardinage.

2. **Terreau** :

   - Avantages : Le terreau est un mélange spécialement conçu pour favoriser la croissance des plantes en pots ou en pleine terre. Il est souvent enrichi en compost, en humus et en autres nutriments essentiels.
   - Utilisation : Le terreau est idéal pour le démarrage

des semis, la plantation de plantes en pot et la création de plates-bandes surélevées. Il offre une excellente aération et un bon drainage pour les racines des plantes.

- Disponibilité : Le terreau est largement disponible dans les jardineries et les centres de jardinage sous différentes formulations pour répondre aux besoins spécifiques des plantes.

3. **Fumier** :

- Avantages : Le fumier est une source riche en nutriments, en particulier en azote, qui favorise la croissance des plantes. Il peut également améliorer la structure du sol et augmenter sa capacité de rétention d'eau.
- Utilisation : Le fumier bien décomposé est souvent utilisé comme amendement pour les sols pauvres en nutriments. Il peut être appliqué avant la plantation ou mélangé au sol existant lors de la préparation du lit de semence.
- Précautions : Assurez-vous d'utiliser du fumier bien décomposé pour éviter d'endommager les racines des plantes avec des niveaux élevés d'azote frais. Évitez d'utiliser du fumier de chats, de chiens ou d'autres animaux carnivores, car il peut contenir des agents pathogènes nocifs.

En résumé, **le compost est généralement un choix polyvalent** et bénéfique pour améliorer la santé globale du sol, tandis que **le terreau est plus adapté aux plantes en pot et aux semis**. Le fumier peut être utilisé comme option supplémentaire pour enrichir les sols pauvres en nutriments, mais nécessite une attention particulière pour éviter les problèmes potentiels. Choisissez l'amendement qui convient le mieux à vos besoins spécifiques et aux exigences de vos cultures.

Planification du potager

Une fois que le sol est prêt, **prenez le temps de planifier votre potager**. Réfléchissez aux types de légumes que vous souhaitez cultiver et à la quantité d'espace dont ils auront besoin pour se développer. **Dessinez un plan de votre potager** (un plan simple, avec des rectangles !), en indiquant l'emplacement de chaque culture et en tenant compte de l'espacement recommandé entre les rangs. La planification préalable vous aidera à maximiser l'utilisation de l'espace disponible et à éviter la surpopulation des plantes. Ne voyez pas trop grand la première année, concentrez-vous sur les légumes que vous aimez vraiment. **IMPORTANT: n'installez pas les mêmes légumes aux mêmes endroits chaque année. Pensez à la rotation pour que la terre ne s'épuise pas!**

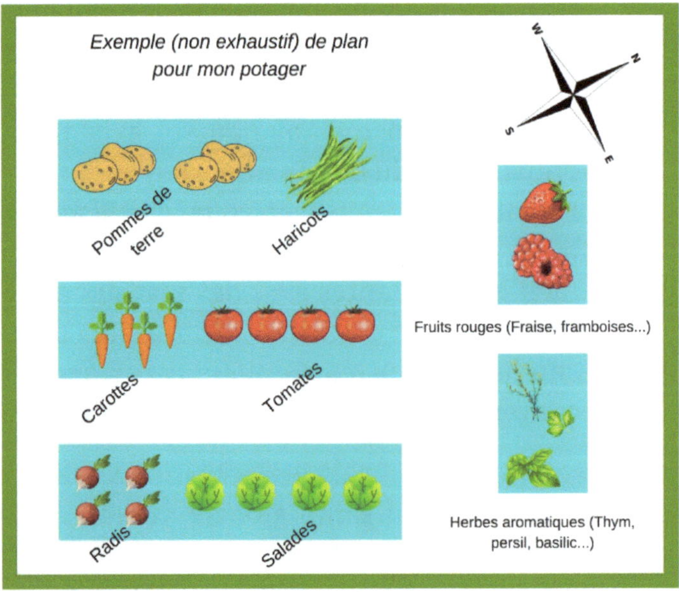

Aménagement des parcelles et des chemins

Une fois que vous avez planifié votre potager, **marquez les limites de chaque parcelle et des chemins entre elles**. Utilisez des piquets, des ficelles ou des planches pour délimiter clairement les zones de plantation. Prévoyez des chemins suffisamment larges pour permettre le passage facile des jardiniers et pour éviter de piétiner les plantes. Vous pouvez également envisager d'installer des bordures autour des parcelles pour aider à définir les limites et à garder les chemins propres et bien définis.

Conclusion

La préparation minutieuse de votre potager est la clé du succès. En choisissant soigneusement l'emplacement, en préparant le sol avec soin et en planifiant judicieusement l'aménagement de votre potager, vous créez les conditions idéales pour des récoltes abondantes et réussies. Dans les chapitres suivants, nous explorerons en détail les différentes étapes de la culture des légumes, depuis le semis des graines jusqu'à la récolte des récoltes mûres et délicieuses.

CHAPITRE 2 : CULTIVER VOS LÉGUMES

Maintenant que vous avez préparé votre sol avec soin, et que vous avez votre plan en main, il est temps de passer à l'étape suivante : **la culture de vos légumes** ! Ce chapitre vous guidera à travers les étapes de semis, de plantation et d'entretien de vos cultures, en vous fournissant les connaissances nécessaires pour cultiver des légumes sains et savoureux dans votre propre potager.

Techniques de semis

Le semis est la première étape cruciale dans la culture de légumes à partir de graines. Selon les légumes, vous pouvez choisir de semer directement en pleine terre ou d'utiliser des godets pour démarrer vos plants à l'intérieur. Pour les semis en godets, **remplissez les godets de terreau** de bonne qualité jusqu'à environ 1 cm du bord. Tassez légèrement le terreau pour éliminer les poches d'air. **Placez une ou plusieurs graines au centre de chaque godet**, en suivant les instructions sur l'emballage des graines pour la profondeur de semis recommandée. Recouvrez légèrement les graines de terreau et arrosez délicatement pour maintenir le terreau humide.

Préparation des plants pour la plantation

Une fois que **vos plants ont atteint une taille suffisante**, ils sont prêts à être transplantés dans votre potager. Avant de les planter, durcissez vos plants en les exposant progressivement à des conditions extérieures plus rudes, telles que le vent et le soleil, pendant quelques jours. Cela aidera à réduire le choc du transplant et à favoriser une croissance saine. Pour transférer les plants en godets dans le sol, **creusez des trous légèrement plus grands que les godets et placez les plants délicatement dans les trous**. Comblez avec du terreau ou du compost et tassez doucement le sol autour des plants. **Arrosez abondamment** pour aider les racines à s'établir dans leur nouvel environnement.

Entretien du potager

Pour assurer la santé et la vigueur de vos cultures, l'entretien régulier du potager est essentiel. Cela comprend **l'arrosage régulier pour maintenir le sol humide**, mais pas détrempé. Arrosez **de préférence le matin** pour permettre aux feuilles de sécher avant la nuit et éviter les maladies fongiques. Le paillage autour des plantes peut aider à maintenir l'humidité du sol et à réduire les mauvaises herbes. Veillez à désherber régulièrement pour éviter la concurrence des mauvaises herbes pour les nutriments et l'eau.

Protection contre les ravageurs et les maladies

Surveillez attentivement vos cultures pour détecter tout signe de ravageurs ou de maladies. Les limaces, les pucerons et les chenilles sont quelques-uns des ravageurs courants à surveiller. Si nécessaire, **utilisez des méthodes de lutte biologique** telles que l'utilisation d'insectes prédateurs ou de nématodes bénéfiques. La rotation des cultures et la pratique de la diversité des cultures peuvent également aider à prévenir les maladies du sol. En cas d'infection, retirez soigneusement les parties affectées de la plante et utilisez des traitements biologiques appropriés si nécessaire.

__Astuce__: Pour éloigner les limaces, dispersez autour des salades un peu de cendres ou de marc de café.

Conclusion

Cultiver vos propres légumes peut être une expérience gratifiante et enrichissante. En suivant ces techniques de semis, de plantation et d'entretien, vous serez bien équipé pour cultiver des légumes sains et délicieux dans votre propre potager. Dans les prochains chapitres, nous explorerons en détail les méthodes de culture spécifiques pour une variété de légumes populaires, ainsi que des conseils pour la récolte et la conservation de vos récoltes.

CHAPITRE 3 : GÉRER LES PROBLÈMES COURANTS

Dans la culture de légumes, il est inévitable de rencontrer des défis tels que les ravageurs et les maladies. Dans ce chapitre, nous aborderons les problèmes les plus courants auxquels les jardiniers sont confrontés et vous fournirons des conseils pratiques pour les gérer de manière efficace et respectueuse de l'environnement.

Identification des ravageurs

La première étape pour gérer les problèmes de ravageurs est de les identifier correctement. Les limaces, les pucerons, les chenilles, les aleurodes et les acariens sont parmi les ravageurs les plus courants dans les potagers. Examinez régulièrement vos plantes pour détecter tout signe de dommages, tels que des feuilles dévorées, des trous dans les fruits ou des traces de bave. Utilisez des guides d'identification ou consultez votre service de vulgarisation local pour obtenir de l'aide pour identifier les ravageurs spécifiques dans votre région.

Méthodes de lutte biologique

La lutte biologique est une approche respectueuse de l'environnement pour contrôler les ravageurs dans votre potager. Encouragez les ennemis naturels des ravageurs, tels que les coccinelles, les syrphes et les guêpes parasitoïdes, en fournissant des habitats appropriés, comme des plantes hôtes et des refuges. Vous pouvez également utiliser des méthodes physiques, telles que la pose de pièges à limaces ou l'utilisation de filets pour protéger vos cultures des insectes nuisibles. Les insecticides biologiques à base de neem, de pyrèthre ou de savon insecticide peuvent également être efficaces pour contrôler les populations de ravageurs sans nuire aux prédateurs bénéfiques.

Prévention des maladies

La prévention est souvent la meilleure stratégie pour gérer les maladies des plantes. Assurez-vous de choisir des variétés résistantes aux maladies lorsque cela est possible et, encore une fois, évitez de planter les mêmes cultures dans la même zone du jardin année après année. Pratiquez une rotation des cultures en alternant les familles de plantes pour réduire le risque d'accumulation de maladies du sol.

Traitement des maladies

Si vos plantes développent des symptômes de maladie, agissez rapidement pour limiter leur propagation. Retirez les parties affectées des plantes dès que vous les remarquez et détruisez-les pour empêcher la propagation des spores. Utilisez des traitements biologiques tels que des fongicides à base de cuivre ou de soufre pour contrôler les maladies fongiques telles que le mildiou ou la rouille. Assurez-vous de suivre attentivement les instructions sur l'étiquette et de porter un équipement de protection approprié lors de l'application de produits chimiques. **Préférez toujours les solutions "bio", plus respectueuses de votre environnement!**

Conclusion

En comprenant les problèmes potentiels et en adoptant des stratégies de gestion appropriées, vous pouvez protéger vos cultures des ravageurs et des maladies tout en préservant la santé de votre jardin et de l'environnement. Dans les prochains chapitres, nous aborderons en détail les méthodes de culture pour les variétés de légumes les plus populaires, ainsi que des conseils pour la récolte et la conservation de vos légumes.

CHAPITRE 4 : CULTIVER DES LÉGUMES POPULAIRES

Dans ce chapitre, nous explorerons en détail les méthodes de culture spécifiques pour les légumes populaires. Que vous soyez un jardinier débutant ou expérimenté, ces conseils pratiques vous aideront à cultiver avec succès les légumes les plus appréciés.

Tomates

Période de plantation :

- Les tomates sont généralement plantées après tout risque de gel, lorsque les températures nocturnes restent au-dessus de 10°C.
- La période de plantation varie selon votre région, mais elle se situe généralement au printemps, entre avril et juin.

Espacement des plants :

- Pour les tomates, espacez les plants d'environ 45 à 60 cm pour permettre une circulation d'air adéquate et éviter les maladies fongiques.
- Pour les variétés de tomates indéterminées qui peuvent devenir grandes, prévoyez un espacement plus généreux ou utilisez des cages robustes pour les soutenir.

Astuces supplémentaires :

- Ajoutez une couche de paillis organique autour des plants de tomates pour réduire les mauvaises herbes, conserver l'humidité du sol et protéger les fruits de la pourriture.
- Pour encourager une fructification abondante, pincez régulièrement les gourmands et supprimez les feuilles basses qui touchent le sol.

les gourmands sont les petites feuilles entre les tiges principales. Vous pouvez les enlever!

Courgettes

Période de plantation :

- Les courgettes sont des cultures chaudes et sont généralement plantées au printemps, après tout risque de gel.
- La période de plantation se situe généralement entre avril et juin, lorsque les températures diurnes sont stables et chaudes.

Espacement des plants :

- Plantez les courgettes dans des rangs distants d'environ 90 cm pour permettre une croissance étalée et un bon développement des feuilles.
- Laissez environ 90 cm à 1,2 mètre entre chaque plant dans le rang pour permettre aux plantes de s'étendre librement.

Astuces supplémentaires :

- Pour encourager une croissance saine, arrosez régulièrement les courgettes pour maintenir le sol uniformément humide, en évitant les périodes de sécheresse.
- La récolte régulière des courgettes lorsque les fruits sont jeunes et tendres encouragera la production continue de nouvelles fleurs et de nouveaux fruits.

Carottes

Période de plantation :

- Les carottes sont des légumes-racines qui sont mieux semés directement en pleine terre, dès que le sol peut être travaillé au printemps.
- La période de plantation varie selon votre région, mais elle se situe généralement entre mars et juin.

Espacement des plants :

- Semez les graines de carottes à environ 5 cm d'intervalle, en rangées espacées d'environ 20 à 30 cm.
- Une fois que les plants ont émergé, éclaircissez-les pour laisser environ 5 à 7,5 cm entre chaque plant pour permettre un développement racinaire optimal.

Astuces supplémentaires :

- Maintenez le sol uniformément humide après le semis pour encourager une germination uniforme et éviter que les graines ne sèchent.
- Utilisez des variétés de carottes adaptées à votre climat et à votre sol pour obtenir les meilleurs résultats de culture.

Salades

Période de plantation :

- Les salades sont des cultures fraîches qui peuvent être semées directement en pleine terre au printemps ou à l'automne, en fonction de la variété.
- Au printemps, semez les graines dès que le sol peut être travaillé, tandis qu'à l'automne, semez environ 6 à 8 semaines avant le premier gel prévu.

Espacement des plants :

- Pour les salades, semez les graines à une profondeur de 1 à 2 cm et espacez-les d'environ 15 à 30 cm pour permettre une croissance optimale.
- Récoltez les feuilles extérieures au fur et à mesure

de leur croissance pour encourager une production continue.

Astuces supplémentaires :

- Pour prolonger la saison de culture, choisissez des variétés de salades résistantes à la chaleur qui peuvent tolérer les températures estivales élevées.
- Les salades peuvent être cultivées dans des contenants ou des jardinières sur un balcon ou une terrasse pour les jardiniers urbains ou ceux qui ont un espace limité.

Pommes de terre

Période de plantation :

- Les pommes de terre sont généralement plantées au printemps, lorsque le sol peut être travaillé, et récoltées à l'automne lorsque les plantes commencent à faner.
- La période de plantation varie selon votre région, mais elle se situe généralement entre mars et mai.

Espacement des plants :

- Plantez les tubercules germés de pommes de terre à une profondeur d'environ 10 à 15 cm et espacez-les d'environ 30 à 45 cm dans des rangs distants d'environ 60 à 90 cm.
- Buttez régulièrement les plants de pommes de terre pour encourager la formation de tubercules et protéger les pommes de terre du soleil.

** Butter les plants consiste à ramener la terre vers le centre et la base de la plante afin de créer une butte, d'où l'appelation "butter"...*

Astuces supplémentaires :

- Choisissez des variétés de pommes de terre adaptées à votre région et à votre usage, qu'il s'agisse de pommes de terre précoces pour une récolte précoce ou de pommes de terre de conservation pour un stockage à long terme.
- Après la récolte, laissez les pommes de terre nouvellement récoltées sécher à l'air libre pendant quelques jours avant de les stocker dans un endroit frais et sombre pour prolonger leur durée de conservation.

Radis

Période de plantation :

- Les radis sont des cultures fraîches et rapides qui peuvent être semées au printemps, dès que le sol peut être travaillé.
- La période de plantation se situe généralement entre mars et mai, lorsque les températures sont fraîches et que le sol est humide.

Espacement des plants :

- Semez les graines de radis à une profondeur de 1 à 2 cm et espacez-les d'environ 2 à 5 cm pour permettre une croissance optimale.
- Les radis peuvent être semés en rangées ou en plates-bandes, en fonction de l'espace disponible dans votre

potager.

Astuces supplémentaires :

- Les radis sont des cultures rapides qui peuvent être récoltées en aussi peu que 3 à 4 semaines après le semis.
- Pour des radis de qualité, maintenez le sol uniformément humide pendant la croissance et évitez les périodes de sécheresse qui peuvent entraîner une croissance lignifiée ou des radis creux.

Conclusion

Cultiver des légumes populaires dans votre potager peut être une expérience enrichissante et gratifiante. En utilisant ces conseils pratiques sur la période de plantation, l'espacement des plants et d'autres astuces, vous serez bien équipé pour réussir dans la culture de tomates, de courgettes, de carottes, de salades et de pommes de terre. **Si vous ne voulez prendre aucun risque, n'hésitez pas à vous rapprocher de magasins spécialisés. Vous pourrez acheter des semis déjà prêts à l'emploi !** Des semis de salades, tomates, courgettes, selon leurs variétés. C'est toujours plus simple pour commencer ! Dans les prochains chapitres, nous aborderons la récolte et la conservation de vos récoltes pour en profiter au maximum.

CHAPITRE 5 : RÉCOLTE ET CONSERVATION DES RÉCOLTES

Dans ce chapitre, nous aborderons **les techniques de récolte et de conservation** pour profiter au maximum des légumes que vous avez cultivés avec amour dans votre potager. Apprendre à récolter et à stocker vos récoltes de manière appropriée vous permettra de savourer la fraîcheur de vos légumes tout au long de l'année.

Récolte des légumes-racines

Pour récolter les légumes-racines tels que les carottes et les radis, utilisez une fourche à main ou vos mains pour desserrer délicatement le sol autour des plantes. Soulevez ensuite les racines avec précaution pour éviter de les casser. Les carottes peuvent être récoltées lorsque leurs sommets sont visibles au-dessus du sol, tandis que les radis peuvent être récoltés dès qu'ils atteignent une taille appropriée.

Récolte des feuilles et des herbes

Les feuilles et les herbes, comme la laitue, les épinards, le persil et le thym, peuvent être récoltées au fur et à mesure de leur croissance. Pour les salades, récoltez soit la salade complète soit uniquement les feuilles extérieures en les coupant près de la base de la plante. Pour les herbes, utilisez des ciseaux ou vos doigts pour prélever les feuilles fraîches au besoin. Veillez à ne pas prélever plus de la moitié des feuilles d'une plante à la fois, afin de permettre une croissance continue.

Récolte des tomates et des courgettes

Les tomates doivent être récoltées lorsqu'elles ont atteint leur pleine maturité et qu'elles ont une couleur uniforme. Utilisez des ciseaux ou un couteau pour couper les fruits, en laissant une courte tige attachée. Les courgettes doivent être récoltées lorsqu'elles sont jeunes et tendres, généralement lorsqu'elles mesurent environ 10 à 15 cm de long. Utilisez un couteau pour couper les courgettes de la plante.

Récolte des pommes de terre

La récolte des pommes de terre se fait lorsque les plants commencent à faner et à sécher. Ils jaunissent dès maturité. Utilisez une fourche à bêcher ou vos mains pour déterrer délicatement les tubercules du sol. Évitez de perforer les pommes de terre avec la fourche pour éviter les blessures et prolonger leur durée de conservation. Laissez les pommes de terre nouvellement récoltées sécher à l'air libre pendant quelques jours avant de les stocker. Prenez le temps de bien vérifier qu'il n'y a plus aucune pomme de terre dans la terre. En effet, parfois un simple plant peut donner jusqu'à 20 pommes de terre ! Il serait dommage de ne pas tout récolter.

Conservation des légumes

Pour prolonger la durée de conservation de vos légumes, il est important de les stocker dans des conditions optimales. Les légumes-racines comme les carottes et les pommes de terre peuvent être stockés dans un endroit frais, sombre et bien ventilé, comme un sous-sol ou un garage. Les légumes-feuilles comme la laitue et les épinards doivent être stockés dans un réfrigérateur dans un sac en plastique perforé pour maintenir l'humidité.

Congélation et mise en conserve

Si vous avez une surabondance de légumes, envisagez de les congeler ou de les mettre en conserve pour une utilisation ultérieure. Les légumes comme les haricots verts, les pois et les tomates peuvent être congelés après avoir été blanchis dans l'eau bouillante pendant quelques minutes. Vous pouvez également utiliser des méthodes de mise en conserve telles que la mise en conserve à l'eau bouillante ou la mise en conserve à la pression pour préserver vos légumes pour les mois à venir. **Et pensez à en faire profiter les autres! Si vous avez une récolte de 10 salades d'un coup, n'hésitez pas à en donner autour de vous!**

Conclusion

La récolte et la conservation des récoltes sont des étapes essentielles dans le processus de jardinage. En utilisant les bonnes techniques, vous pourrez profiter de la fraîcheur de vos légumes tout au long de l'année. Dans les prochains chapitres, nous aborderons la rotation des cultures, la gestion des ravageurs et d'autres aspects importants de la culture des légumes dans votre potager.

IMPORTANT: Si vous avez dans votre entourgae une femme enceinte, n'oubliez pas de bien laver vos légumes et d'enlever un maximum de terre. Le risque de toxoplasmose est élevé. Pour ne pas prendre de risque, nettoyez bien vos légumes et laissez les tremper dans un mélange d'eau et de vinaigre blanc pendant minimum 3 minutes. Rincez et cuisinez.

CHAPITRE 6 :
ALLER PLUS LOIN

Ressources pour en apprendre davantage sur le jardinage

Se lancer dans le jardinage peut être une aventure enrichissante, mais il est également important de continuer à apprendre et à se perfectionner dans ce domaine. Voici quelques ressources pour approfondir vos connaissances sur le jardinage :

Livres sur le jardinage : De nombreux livres de jardinage sont disponibles, couvrant une gamme de sujets allant de la conception du jardin à la culture de légumes en passant par la gestion des maladies et des ravageurs. Certains titres populaires incluent "Le jardinage pour les nuls" de Bill Marken et "Le potager du paresseux" de Didier Helmstetter.

Sites Web et blogs : Internet regorge de ressources en ligne sur le jardinage. Des sites Web comme Gardeners.com, Royal Horticultural Society (RHS.org.uk) et GardeningKnowHow.com offrent des articles informatifs, des guides pratiques et des forums de discussion où vous pouvez poser des questions et échanger des conseils avec d'autres jardiniers.

Communautés de jardinage locales : Rejoindre une communauté de jardinage locale peut être une excellente façon de rencontrer d'autres passionnés de jardinage, d'échanger des plantes et des semences, et de participer à des activités de jardinage communautaire. Renseignez-vous auprès de votre mairie, de votre centre de jardinage local ou de vos voisins pour découvrir les possibilités de jardinage dans votre région.

Idées pour élargir et améliorer votre potager à l'avenir

Maintenant que **vous avez acquis de l'expérience dans le jardinage**, voici quelques idées pour élargir et améliorer votre potager à l'avenir :

Expérimenter de nouvelles cultures : Explorez de nouveaux légumes, fruits, herbes ou fleurs que vous n'avez jamais cultivés auparavant. Cela peut vous permettre de découvrir de nouvelles saveurs et de diversifier votre jardin.

Améliorer l'efficacité et la durabilité : Envisagez d'intégrer des pratiques de jardinage durables telles que la collecte d'eau de pluie, le compostage des déchets de jardin et l'utilisation de méthodes de culture biologiques pour réduire votre empreinte écologique et favoriser la santé de votre jardin.

Créer des espaces thématiques : Ajoutez de l'intérêt visuel à votre jardin en créant des espaces thématiques, tels qu'un jardin de plantes aromatiques, un jardin de papillons ou un jardin de plantes médicinales. Ces espaces peuvent également attirer une plus grande diversité de faune bénéfique dans votre jardin.

Partager votre passion : Partagez votre passion pour le jardinage avec votre famille, vos amis et votre communauté en organisant des visites de jardin, des ateliers de jardinage ou en donnant des surplus de récolte à ceux dans le besoin.

En continuant à apprendre, à expérimenter et à partager votre amour du jardinage, vous pourrez créer un potager florissant et épanouissant qui vous apportera satisfaction et joie pour les années à venir.

Alors, êtes-vous prêt à tenter l'expérience?

REMERCIEMENTS

Je tiens sincèrement à vous remercier pour votre lecture. Ce livre, outre ses conseils et astuces, est une invitation à se reconnecter à la terre, à la nature et ses merveilles. Quoi de plus beau que de voir une si petite graine grandir, et nous offrir ce qu'elle a de meilleur! Un potager nous apprend la patience, à prendre soin, il nous rend humble, sage et meilleur... Je le pense profondément. Je tiens à remercier mes proches qui me soutiennent chaque jour et mes grands-parents, qui m'ont donné, très tôt, ce goût du jardinage. Ne perdez pas confiance si vos premières récoltes sont maigres, félicitez-vous de vos victoires et persévérez! Voici mon ultime astuce: persévérez!

Amicalement.

James ISAO

Les photographies utilisées dans ce livre sont des images d'illustrations libres de droit. Voici les noms des auteurs: Dmytro Glazunov - Pexels/ Kampus Production - Pexels/ Gary Barnes - Pexels/ Karolina Grabowska - Pexels / Roman Odintsov - Pexels / Freepik / SWEET LIFESTYLE PUBLISHING.